Inhalt

Marktforschung - Frühjahrsputz! Entstaubt werden Methoden, Technologien, Rollen und Paradigmen

Kernthesen

Beitrag

Fallbeispiele

Zahlen und Fakten

Weiterführende Literatur

Impressum

Marktforschung - Frühjahrsputz! Entstaubt werden Methoden, Technologien, Rollen und Paradigmen

Anja Schneider

Kernthesen

- Die deutschen Marktforschungsinstitute beurteilten ihre Auftragslage zum Jahreswechsel 2012/13 mehrheitlich als gut.
- Zu den größten Instituten zählen GfK, TNS mit Emnid und Infratest, Nielsen sowie Ipsos.
- Internet, Social Media und Big Data stellen

Herausforderungen an die Branche. Neue Technologien und Methoden müssen erlernt werden.
- Der moderne Marktforscher will Insights-Berater statt Datenlieferant sein, ein neues Paradigma der Branche entwickelt sich.

Beitrag

Die Marktforschungsbranche im Überblick

Der **deutsche Markt** für Marktforschung erreichte im Jahr 2012 einen Umsatz von knapp 2,5 Milliarden Euro und erzielte damit eine Umsatzsteigerung in Höhe von fast acht Prozent. In der Marktforschung tätig sind 137 Institute. Sie beschäftigen 19 744 festangestellte Mitarbeiter. Zu den größten Anbietern zählen GfK, TNS mit Emnid und Infratest, Nielsen sowie Ipsos. [Abb. 1] Ipsos hat vor einem Jahr den Wettbewerber Synovate übernommen und damit seine Branchenkompetenz (im Gesundheitsmarkt) und seine methodische Kompetenz (beispielsweise durch das neue Tool Censydiam) gestärkt. Über die Hälfte ihres Umsatzes erwirtschaften die Marktforscher durch Aufträge aus der Konsum- und

Gebrauchsgüterindustrie. [Abb. 2] Die aktuelle Auftragslage beurteilte die Branche zum Jahreswechsel 2012/13 als gut, sogar deutlich besser als noch zur Jahresmitte 2012. Im Juni gaben 59 Prozent der befragten Unternehmen die Einschätzung gut, im Dezember waren es 79 Prozent. Vertreten wird die Branche durch folgende Verbände: Der ADM Arbeitskreis Deutscher Markt- und Sozialforschungsinstitute e.V. vertritt die Interessen der privatwirtschaftlichen Markt- und Sozialforschungsinstitute in Deutschland; die Mitgliedsinstitute erzielen über 80 Prozent des Branchenumsatzes. Der Berufsverband Deutscher Markt- und Sozialforscher e.V. (BVM) vertritt die einzelnen Marktforscher. Als Weltverband agiert der Weltmarktforschungsverband Esomar.

Der **europäische Markt** für Marktforschung wird auf 10,19 Milliarden Euro beziffert (ADM-Angabe für 2011). Deutschland und Großbritannien sind die größten Märkte für Europas Marktforscher; auf sie entfällt jeweils ein Anteil von 23 Prozent. Es folgen Frankreich mit 19 Prozent, dann mit Abstand Italien mit sechs Prozent, Spanien mit fünf Prozent und die Niederlande mit drei Prozent.

Der **Weltmarkt** für Marktforschung hat ein Volumen von 24,15 Milliarden Euro (ADM-Angabe für 2011). 42 Prozent entfallen auf Europa, 31 Prozent auf die USA, mit weitem Abstand folgt Japan mit sechs Prozent.

Als große, internationale Anbieter werden GfK, Kantar Group mit TNS, Icon und Millward Brown, Nielsen und Ipsos genannt. (1), (2)

Marktforschung mit neuem Paradigma

Die Marktforschung beschäftigt sich derzeit intensiv mit sich selbst. Es geht darum, im Zeitalter der Social Media die Nase beim Wissen um Märkte und Kunden vorne zu behalten und den Auftraggebern einen Mehrwert bieten - und verkaufen! - zu können. Die Branche diskutiert über neue Methoden und zeitgemäße Forschungsansätze, will das angestaubte Image des Datenlieferanten endgültig ablegen und sich zum Insights-Berater ihrer Kunden wandeln. Dies zeigte sich sehr deutlich auf dem Jahreskongress Mafo 2013, der zu Jahresbeginn stattfand. Ein Brancheninsider bringt es auf den Punkt: Das quantitative Paradigma der Marktforschung in Deutschland kippt und es entwickelt sich eine neue, eher experimentelle, qualitative Forschung und Beratung, die sich auf das ‚What if und ‚What could be fokussiert. (3)

Veränderungen in der

Marktforschung &

Mehr Quellen dank Social Media

Die qualitative Marktforschung wird derzeit vor allem durch die Verbreitung von Social Media beeinflusst. Immer mehr werbungtreibende Unternehmen analysieren Facebook, Twitter, Pinterest, Diskussionsforen, Blogs, relevante Websites etc. und wollen wissen, wo sich wer worüber unterhält, wie viele sich an der Diskussion beteiligen, wie die aktuelle Stimmung ist. Die moderne Social-Media-Marktforschung setzt sich damit auseinander, wie sie rasch an die relevanten Informationen gelangt, die in den sozialen Medien preisgegeben werden, wie sie dem Auftraggeber aufbereitet werden. Der Auftraggeber soll einen zusätzlichen Nutzen haben, noch mehr über seine Käufer und die, die es werden sollen, erfähren und seine Marketingkampagnen punktgenau maßschneidern können.

Echtzeit-Feedback versus Repräsentativität

Zur Pflicht eines soliden Marktforschers gehört es, bei seinen Studien strikt darauf zu achten, dass sie sich durch eine klare methodische Kompetenz auszeichnen, wissenschaftlich fundiert und repräsentativ sind. Im Zeitalter der Social Media kann es sinnvoll sein, auf einen repräsentativen Untersuchungsansatz zu verzichten. Wenn sich beispielsweise ein Hersteller einen ersten Eindruck verschaffen will, wie die Kunden sein neues Produkt beurteilen, muss die befragte Stichprobe beim Social Media Listening nicht unbedingt repräsentativ sein. Echtzeit-Feedback wollen die Auftraggeber, kurze Fragen, schnelle Antworten sind gefragt, auf die Validität der Ergebnisse kommt es an. Firmeneigene Online-Panels oder -Communitys generieren schnell, kostengünstig und kontinuierlich Feedback von der jeweiligen Zielgruppe. (1), (3), (4)

iPad und online versus Papier und Kugelschreiber

Die Tools, die die Marktforscher bei ihren Erhebungen einsetzen, werden schneller. Zum klassischen Rüstzeug des Marktforschers zählt es, anhand von standardisierten Fragebögen Fragen zu stellen und per Kugelschreiber die Kreuzchen gemäß Antworten zu setzen. Die Ergebnisse werden dann quantitativ-statistisch ausgewertet und in Tabellen und Diagrammen veranschaulicht. Qualitative Interviews, sei es persönlich, telefonisch, schriftlich oder mittlerweile online, gehören ebenfalls zum Handwerk des Marktforschers. Paper and pencil sind out; heute werden Befragungen selbstverständlich auch mit Laptop/Pentop oder iPad durchgeführt. Im Zehnjahresrückblick wird deutlich, wie stark sich Online-Interviews entwickelt haben: 2002 wurden nur fünf Prozent der Interviews online geführt, hingegen noch 33 Prozent persönlich; 2007 war online bereits auf 27 Prozent geklettert, persönlich dagegen auf 26 Prozent geschrumpft; 2012 entfielen dann bereits 35 Prozent der qualitativen Interviews auf Online-Interviews und nur noch 21 Prozent wurden persönlich geführt. (2)

Experimentieren mit neuen Methoden und Tools

Als eine wichtige Entwicklung der letzten Jahre wird die gestiegene Experimentierfreudigkeit der Marktforscher beobachtet. Die Branche hat zunehmend neue Methoden und Tools auf dem Radar oder im Einsatz: Social Media Monitoring Tools diverser Anbieter, Stimmungsabfragen mittels Sentiment Analysis Tools, Co-Creation, also die Zusammenarbeit von Kunden und Unternehmen bei der Produktentwicklung, Diskussionen in Social Spaces, Gamification und Netnography. Verwandte Wissenschaftsbereiche wie Neuro-Science und Behavioural Economics haben neue Tools und Techniken hervorgebracht. Die Marktforscher fragen UND beobachten, sie messen Meinungen UND Verhalten. In Studien werden mehrere Methoden eingesetzt, um mehrere Blickwinkel zu erfassen. Eine Studie kann beispielsweise ethnographische Beobachtungen mit Online-Tagebüchern, Quick Polls (Blitzumfragen), Gruppengesprächen und Online-Befragungen verbinden. (1), (4)

Emotionen erfassen, nicht nur Fakten

Die modernen Markt- und Werbewirkungsforscher interessieren sich immer stärker jenseits der Fakten für die Gefühle und spontan geäußerten Emotionen ihrer Kunden und anvisierten Käufer. Um die Emotionen zu erfassen und idealerweise technisch zu messen, arbeiten sie mit Methoden wie beispielsweise Eye Tracking, Facial Imagery Recognition. Die Ergebnisse fließen dann in die Werbeformate ein. Die Marktforscher nehmen auch mal ungewohnte Perspektiven ein. Beispielsweise werden bewusst Anti-Zielgruppen und Nicht-Verwender eines Produkts befragt, um spontane, neue Eindrücke zu erhalten. (3), (5)

Mehr Mobile Marktforschung

Das Internet wird mobil, das Smartphone ist fast immer zur Hand, Tablets auf dem Vormarsch. Da will die Mobile Marktforschung mithalten, einerseits ihre Befragungsmöglichkeiten verbessern und andererseits genauer erforschen, wann, wo und wie sich die Nutzer mit ihren mobilen Devices beschäftigen. Die Marktforscher, beispielsweise Gartner, Nielsen oder GfK, führen Interviews zum mobilen Nutzerverhalten, erstellen Panel-Studien, die auf App-Messung basieren, und werten aggregierte Nutzerdaten von Mobilfunkprovidern aus. Mit den mobilen Endgeräten bieten sich neue Möglichkeiten der Datenerhebung wie beispielsweise standortbasierte Umfragen, situative

Untersuchungen zum Verhalten und zur Entscheidungsfindung am Point-of-sale, also beim Einkaufen. Das Smartphone-Self-Reporting leistet immer wertvollere Dienste und beschert neue Einsichten in das Leben der Kunden - vor Ort, inklusive Fotos und Filmchen! (4), (6)

Der Königsweg: Klassische Marktforschung UND Social Media Monitoring

Das moderne Social Media Monitoring hat zweifelsohne seine Stärken: es hilft, die Erfahrungen und Stimmungen der (potentiellen) Kunden unmittelbar, zeitnah und mit allen Emotionen zu erfassen, liefert Ideen, Erklärungen und Hintergründe. Porsche beispielsweise hat gelernt, dass es am besten ist, wenn klassische Marktforschung und Social Media Monitoring kombiniert eingesetzt werden. Sie können sich nicht ersetzen, ergänzen sich aber prima. Auf den jeweils passenden Methodenmix kommt es an! Methodische Expertise und theoriegestütztes Hintergrundwissen der klassischen Marktforschung kombiniert mit neuen Denkweisen, Methoden und Tools - das ist wohl der Königsweg. (7)

& und ihre Folgen für Marktforscher,

Kommunikationsagenturen und Marketingabteilungen

Die skizzierten Entwicklungen verändern die Rolle der Marktforscher in ihren Instituten, in den Kommunikationsagenturen und in den Marketingabteilungen der Auftraggeber. Die alten Hasen sollten ihre gewohnten Forschungsgrundsätze kritisch hinterfragen, was muss bewahrt werden, wo muss Neues Einzug halten. Neue Methoden und Tools müssen erlernt und für den Kunden eingesetzt werden. Viele Marktforschungsinstitute stellen junges Personal ein, das mit den neuen Medien quasi aufgewachsen ist, das kreativ denkt, gut kommunizieren kann und neue Impulse setzt. Die Mitarbeiter in den Kommunikationsagenturen müssen mit den neuen Methoden und Möglichkeiten der Marktforschung vertraut gemacht werden. Den Marketing-Managern der werbetreibenden Unternehmen wird empfohlen, die Marktforscher stärker in Projekte einzubinden, sie zu fordern, nach Meinungen und Handlungsempfehlungen zu fragen, auch wenn nicht alle Fakten verfügbar sind. Die Marktforscher wollen und sollen nicht nur Daten-Lieferanten sondern Voice-of-the-customer sein und eine strategische Rolle als Insights-Berater einnehmen. Marktforschung, Marketing, Vertrieb, aber auch Customer Service, Finance und Supply

Chain sollten in Innovationsprozessen noch enger zusammenarbeiten. (4)

Fallbeispiele

Die **Gesellschaft für Konsumforschung (GfK)** suchte nach Antworten auf die Frage, wie Kaufentscheidungen im Zeitalter von M-Commerce und mobile Payment ablaufen. In einer Studie analysierte sie etliche Kaufentscheidungsprozesse für zahlreiche Produkte über alle genutzten On- und Offline-Touchpoints hinweg und begleitete die Verbraucher vom Beginn ihres Interesses bis zum Kauf. Die Studie soll Marketingverantwortlichen helfen, ihre Marketingaktivitäten so zu gestalten, dass sie ihrer Zielgruppe an den wichtigsten Touchpoints mit der richtigen Botschaft begegnet. (8)

Gegen den Strom schwimmt das Marktforschungsinstitut **Dialego** mit seinem Konzept Idea Stream. Dabei werden in Social-Media-Analysen gerade die auf den ersten Blick abwegigen Wortmeldungen eingesammelt, um daraus später neue Ideen zu entwickeln. Angewendet wurde die neue Methode bei der Kreation eines neuen Staubsaugers, aktuell gearbeitet wird an der Entwicklung einer neuen Smartphone-Generation. (9)

Mindfacts kombiniert Eye- und Emotion Tracking

und misst dabei Blickverlauf und emotionalen Zustand der Testpersonen, um für ihre Kunden möglichst gute Ergebnisse hinsichtlich der Werbewirkung von Kampagnen zu liefern. Angewendet wurde Emotion Tracking unter anderem von Volkswagen bei der Golf-VII-Markteinführung. (5)

Das **Link Institut** ist den Emotionen der potentiellen Käufer via Webcam auf der Spur. Das Produkt heißt EmotiCam, wird derzeit oft zur Post-Messung von bestehenden Werbespots eingesetzt und läuft in Deutschland seit 2011. Auch andere filmen ihre Probanden und analysieren die Emotionen, die sich in der Mimik ablesen lassen. **Millward Brown** etwa arbeitet mit Facial Coding, die **GfK** mit dem Tool Emo Scan, das 2012 als beste Innovation mit dem Preis der Deutschen Marktforschung ausgezeichnet wurde. (5)

Versandhändler **Otto** hat die Beobachtung der Stimmung, des Informations- und Kaufverhaltens seiner Interessenten und Kunden und der Wettbewerber in die Hände seiner Abteilung Marktforschung & Konkurrenzbeobachtung gelegt. Sie betreibt seit 2010 unter anderem ein systematisches Social Media Monitoring mit fünf Modulen: Wo wird gesprochen? Wer spricht? Worüber spricht man? Wie viele Nutzer sprechen? Wie wird gesprochen? (10)

Bei **Porsche** ist die Marktforschung in der Abteilung Customer Relations angesiedelt. Sie beschäftigt sich intensiv damit, wo der Interessent oder Kunde mit Porsche in Berührung kommt (Touchpoints), ob er dort für Porsche begeistert werden kann. Da auch für Porsche die Social Media wichtig sind, wurde kürzlich eine Social-Media-Studie durchgeführt und die Ergebnisse mit denen der traditionellen Marktforschung verglichen. (7)

Zahlen & Fakten

Abbildung 1: Top 7 Marktforschungsinstitute nach Umsatz und Mitarbeiterzahl 2011

Rang	Institut	Umsatz in Millionen Euro	Circa Mitarbeiter Anzahl
1	GfK Aktiengesellschaft *	1.373,90	11.457
2	TNS (Emnid, Infratest)	225	1.100
3	Nielsen D. gesamt	120	650

4	Ipsos GmbH (inkl. Synovate)	80,2	452
5	Maritz Research	32,8	230
6	Psyma Group	27,5	250
7	Kleffmann Group	21	250

* Davon 377 Millionen Euro in Deutschland. Angaben teilweise geschätzt.

Quelle: Context, Unternehmen, Bundesanzeiger
Entnommen aus: Werben und Verkaufen, 41/2012, S. 10 (11)

Abbildung 2: Umsatzverteilung der Marktforschung nach Anteil der Branchen 2012

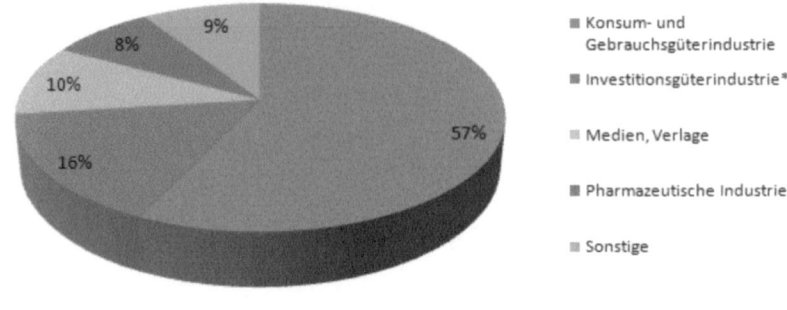

Quelle: ADM Arbeitskreis Deutscher Markt- und Sozialforschungsinstitute Entnommen aus: ADM-Website, Marktforschung in Zahlen, Ausgabe 3/2013 (11)

Weiterführende Literatur

(1) „Wir müssen mehr Digital Natives einstellen"
aus HORIZONT 09 vom 28.02.2013 Beilage Jahreskongress mafo 2013 Seite S016 bis S017

(2) Marktforschung in Zahlen
aus HORIZONT 09 vom 28.02.2013 Beilage Jahreskongress mafo 2013 Seite S016 bis S017

(3) Relevanz durch Sanierung steigern

aus HORIZONT 09 vom 28.02.2013 Beilage
Jahreskongress mafo 2013 Seite S004 bis S006

(4) Marktforschung im Umbruch
aus HORIZONT 09 vom 28.02.2013 Beilage
Jahreskongress mafo 2013 Seite S007

(5) Was Gesichtszüge über Gefühle verraten
aus HORIZONT 09 vom 28.02.2013 Beilage
Jahreskongress mafo 2013 Seite S012 bis S014

(6) Was macht der Nutzer auf seinem Smartphone?
aus LEAD digital Nr. 07 vom 03.04.2013, S. 25 - 27

(7) Mehr verstehen
aus HORIZONT 09 vom 28.02.2013 Beilage
Jahreskongress mafo 2013 Seite S008 bis S009

(8) Die Fährtenleser
aus acquisa, Vol. 60, Heft 04/2013, S. 52-53

(9) Die Exotik entscheidet
aus HORIZONT 09 vom 28.02.2013 Beilage
Jahreskongress mafo 2013 Seite S015

(10) Sammeln und verknüpfen
aus HORIZONT 09 vom 28.02.2013 Beilage
Jahreskongress mafo 2013 Seite S010 bis S011

(11) D: Top 7 Marktforschungsunternehmen 2006-2011
aus Werben und Verkaufen, 41/2012, S. 10

Impressum

Marktforschung - Frühjahrsputz! Entstaubt werden Methoden, Technologien, Rollen und Paradigmen

Bibliografische Information der deutschen Nationalbibliothek

Die Deutsche Nationalbibliothek verzeichnet diese Publikation in der deutschen Nationalbibliografie; detaillierte bibliografische Daten sind im Internet über http://dnb.d-nb.de abrufbar.

ISBN: 978-3-7379-2571-6

© 2015 GBI-Genios Deutsche Wirtschaftsdatenbank GmbH, Freischützstraße 96, 81927 München, www.genios.de

Alle Rechte vorbehalten. Dieses Werk ist einschließlich aller seiner Teile – z.B. Texte, Tabellen und Grafiken - urheberrechtlich geschützt. Jede Verwertung außerhalb der Grenzen des Urheberrechtsgesetzes bedarf der vorherigen Zustimmung des Verlags. Dies gilt insbesondere auch für auszugsweise Nachdrucke, fotomechanische Vervielfältigungen (Fotokopie/Mikroskopie), Übersetzungen, Auswertungen durch Datenbanken oder ähnliche Einrichtungen und die Einspeicherung und Verarbeitung in elektronischen Systemen.